JN438905

햇살에 갇히다

김수화 시집

햇살에 갇히다

인쇄| 2009년 10월 20일
발행| 2009년 10월 25일

글쓴이|김수화
펴낸이|장호병
펴낸곳|북랜드
110-999 서울 종로구 신문로1가 오피시아 1406호
대표전화 (02) 732-4574 | (053) 252-9114
팩시밀리 (02) 734-4574 | (053) 252-9334

등록일| 1999년 11월 11일
등록번호| 제13-615호
홈페이지| www.bookland.co.kr
이-메일| bookland@hanmail.net

편집주간| 곽흥렬
책임편집| 김인옥
영　　업| 최성진

ISBN 978-89-7787-496-1 03810

값 7,000 원

김수화 시집

햇살에 갇히다

북랜드

시인의 말

바람이 지난 자리에
늘 다른 풍경이 다가온다

간식거리가 궁했던 시절
푸른빛은 돌지만
속살이 달콤한 참외를
아버진 용케도 골라 따오셨다
며칠만 두면 노랗게
겉도 속도 잘 익을 테지만
자식들의 허기진 배를 채우기엔
여름 햇살이 더디게만 느껴졌으리라

한 움큼 쥐었다고 생각했는데
흔적도 없이 사라지고 마는 안개 같은
부끄런 첫 마음을 내놓는다

바람 속으로 아린 풍경 되어
꽃잎의 그늘로 숨어들지만
햇살에 갇히고 말았다

2009년 10월

김 수 화

차례

2 향기 길

차례

3 달을 놓치다

4 시린 풍경

차례

5 저물녘, 다섯 시와 여섯 시 사이

1

환한 통증

봄, 햇살에 갇히다

못을 빼내어도 상처는 남아
의식의 밑바닥에 묻어버린
아련한 기억들이 마치
슬로비디오 돌아가듯
천천히 재생되어
끝없는 낭떠러지로
첫발 디딘 봄날

사는 일이
맨송맨송한 빗물 맛 같아
가도 가도 막막한 길
러닝머신 위를 달리는 듯한
봄, 햇살에 갇혀

시도 때도 없이 욱신거려
다 자라기도 전
사랑니 빼낸 자리처럼
헛헛하고 얼얼한 통증은
속수무책이다

동백꽃 1

남편 복 많은
여자의 젖꼭지마냥
탱글탱글한 봉오리
물기까지 머금은 채
필 듯 말 듯
여러 날
애간장만 태우더니

그만, 마음 풀어헤친 겨울 햇살
휘감아 도는 애무에
터지고 마는
동백꽃 열정

석류

너무 멀리 떠나와
이제는 잊혀졌으리라 믿었던
아련한 기억 저편
마른 땅 한 뼘 차지하고
풀잎 수런수런 이슬 털며 일어나는 아침
담 너머 먼 산자락 바라보며
몰래 사랑을 키웠지요
때론 상처 사이 목쉰 그리움
가뭇가뭇 끼어드는 날도
오도 가도 못한 마음
쏟아 붓는 빗줄기
눈물 되어 젖는 날 많았지만
둥지 속 알을 품듯
그대 품은 내 마음은
비애롭고도 따뜻했었지요
그날 이후
두려워 오랫동안 열어보지 못한
빗장 걸어 키운 사랑

가지런히 정리해 둔 서랍 속을
한 순간 마구 헝클어 놓듯
툭, 터져버린 열정

상사화

나무 품을 파고드는
빗소리에 섞여
간간이 들리는
애달픈 피리 소리 따라가 보았다
하루에도 몇 번을 지나치는 오솔길 옆
미끈한 몸매에 작은 꽃망울 여섯
생애 처음인 듯 마지막인 듯
꼿꼿이 솟아
떠나간 봄을 나직이 부르는

지난겨울 이름에 끌려
알뿌리 몇 알 얻어와 심은 자리
추위도 다 가기 전
잎 피워 올리더니
성급히 불붙은 사랑 빨리 식어버리듯
흔적도 없이 사라져
우리가 정말 사랑이란 것을 했을까
기억조차 희미해져 갈 즈음

만날 수 없는
영원한 소금길
여섯 음계로 부르는
궤나*의 사모곡

* 궤나 : 3,500년 전 잉카시대부터 존재한 안데스지방의 전통 악기. 사람의 뼈로 피리를 만들어 죽은 혼의 영생을 빌었다고 한다.

환한 통증

삭히지 못한
내 안의 통증을 쏟아놓고
돌아서던 날
마당엔 봄눈 내리고

겨우내 피어나지 못한 아픔
무던히도 잘 견뎌낸
목련 꽃봉오리
환한 웃음소리 들린다

작년에 받아놓은
꽃씨를 들고
마당으로 나선다

아무런 거부 없이 내어주는
포슬포슬한 흙 속에
서로 뒤엉켜 놓아주지 않는
수많은 뿌리들

보이지 않는 곳에서
아무리 하나 되어도
같은 꽃 피울 수 없는
생의 가장 환한 통증이
웅크리고 있었다

대추꽃

꽃인 듯
잎인 듯
몰래 피어난다

남들 앞 다투어 꽃 피우는
꽃철 다 지난
초여름 햇살 받고서야

꽃이 지는지
꽃이 피는지
알지 못하게

그리곤
가을 햇살에
들켜버린 마음

목련

늦가을 잎 진 후 지켜 온
굳은 절개
바람에 조금씩 마음 열기 시작하더니
봄비 살며시 뿌리고 간 날
겹겹이 접어 둔 순결
조심스레 펼쳐 보이는가 싶더니
아, 분분한 저 낙화
가지 사이 또다시 하늘이 열리고
몇 밤을 숨죽여 앓는 소리에
아직은 야윈 산자락 내려와
토닥토닥 등 두드려주고
봄 햇살 따사로움 풀어 위로하면
상처 난 자국마다 새살 돋듯
저 여린 잎새
이제
봄날은 깊이깊이 묻어두고
넓은 잎 흔들며 살아가리

달맞이꽃

머뭇거리는
발등 위로
달려와
고백하는
달

소쩍새 울음
마디마디
애절한

그리움의 솔기
여미지
못한 채

그리워
바라보다
달빛 닮은

달 품은
달맞이꽃

친구와 연인 사이

친구보다 조금 더 가까운
연인보다 조금 덜 가까운
그런 사람 있었으면 좋겠다

그에게 난
아주 특별한 사람은 아니지만
다음으로 밀려나지 않는
조금은 특별한 향기로
그의 가슴 한 켠
물들이고 싶다

무심히 흐르는 일상 속에서
삶의 허무를 느낄 때
바쁜 일 제쳐두고 달려와
조금도 생색내지 않고
위로가 되어 줄 수 있는 사람

그냥 말없이 함께 있어 주는 것만으로도
가슴 한 쪽 생채기
씻은 듯이 아물 것 같은
그런 사람

불륜을 꿈꾸다

나뭇잎에 궁구는 빗방울들이
그대 얼굴로 떠올라
함께하고픈 날이라는
살가운 문자메시지를 받는다
오늘따라 빗소리가 유난히 정겹게 들리더니
빗속에 그대 마음 스며 있어
마당의 나뭇잎들이 저리도 웃고 있다고 전하며
비로도 끄지 못하는 불길
상사화 잎이 끝부터 타들어가고 있음을
그 잎들 흔적도 없이 사라져 버리면
긴 목 곧추세우고 두리번거릴 상사화를
오늘처럼 잎 보듯 바라보고 있을지
그땐 시 한 편 품을 수 있을지
아니, 그런 사랑 하나쯤 품을 수 있을지를 생각하다
담의 경계를 넘어 헤픈 웃음 날리며
이리저리 서슴없이 기웃거리는 장미 넝쿨과 눈이
맞았다

그래, 저렇듯 화끈하게 한 번 살아보는 것도 나쁘지 않겠구나
제 안의 열정 숨기거나 포장하지 않고
그대로 드러내 보이는 사랑
한 철 머물다 사라지더라도
가슴에 화인으로 남을 수 있는
그런 열정적인 사랑을 생각한다

오랜 가뭄 속 늦은 봄비 내리는 날
상사화 닮은 전설적인 사랑 하나 품었다가
꽃 지듯, 하고많은 꽃 중에서도 벚꽃 지듯
그렇게 하르르 떠나는 사랑 꿈꾸었다면
불륜일까

그대는?

무서리

다 비워낸
텅 빈 들녘
갈대의 속울음에
떠나지 못하고 서성거리는 바람
생기 잃어 핼쑥한 풀잎 위로
무서리 내리고
너 떠난 빈자리
공허함만 남는다 해도

너 왔던 서늘한 기억
살얼음 밑을 흐르는 물처럼
내 혈관 따라
은밀하게 흐르고
가끔은 내 마음에
무서리로 내린다

때론, 그 위로
희미한 발자국 소리 들린다

봄밤

가슴을 훑고 지나가는
내 안의 너
자갈 논 갈아엎듯
마음 밭 갈아엎어도

목까지 차 오른 그리움
그 끝
길은 없고

나무들의 은밀한 속삭임
그 은밀함으로
꽃들이 눈을 뜨는

마음에
돌 던지는 소리 들리는
봄
밤

배추

노랗게 알밴 배추를 절인다

한창 물오른
이십대 처녀의 몸 같은
싱싱한 줄기마다 소금을 뿌려
그 빳빳한 자존심을 죽여 놓으니
칠순을 넘긴
내 어머니의 모습 같다

어쩌면
산다는 것은
잘 절여진 배추 고갱이처럼
자신을 죽이며
조금씩 비워내는 건지도 모르겠다

2

향기 길

흔적

바람이 지난 자리
들꽃 흔들어 놓듯
무엇으로든 서로를 흔들다 보면
틈이 생겨나고
마음 기울어 보지 않으면
느낄 수 없었던 틈 사이로
바닷길 갈라지듯
너와 나 사이
사잇길 하나 열린다

처음으로 우리 손길 닿은 날
감나무는 달빛 닮은 꽃 피울 듯 말 듯
작은 입술을 앙다물었고
남 먼저 잎 피운 상사화
기다림에 지쳐 축 늘어진 잎은
끝부터 불붙기 시작했었지

꿈결 같은 시간은

너와 나 사이
마르지 않는 강물 흐르고

우리 떠나온 길처럼
상사화 사위어가고
감꽃 떨어진 자리마다
푸른 물결 넘실대는 한낮

잎 진 자리 꽃대 올라오고
멍자국 같은 푸른 감
발갛게 달아올라
가슴에 화인으로 남은 흔적

올해도 감꽃은 피어나고
나는 사운대는 바람으로
우리 만든 사잇길 서성거린다

기억들

사는 일이
맨밥을 먹을 때처럼
밋밋하게 느껴지는 날
엉클어진 머릿속 같은
서랍을 정리하다
오래된 수첩과의 우연한 만남은
한때 다정했던 이들이 머물던 흔적들
그들과 함께한 시간들이
기억의 날을 세운다

사소한 감정의 벽
발밑의 현실을 핑계로
묵정밭 되어 버린 인연들

밀물과 썰물 사이
하루에도 70만 번의 파도를 일으켜
바다는
동글동글 몽돌을 품는다는데

마음과 마음 사이
꽃밭을 가꾸듯
몇 만 번의 바람에 나를 낮춰야
오래오래 품을 수 있을지
날 세운 기억들이
나를 주저앉힌다

안부

한 평 남짓한 독방
그는 너의 유일한 안식처였다
살아가는 이유의 전부가 너이듯
스스로 전 생애를 저당 잡히듯
곁가지로 너만의 공간을 만들어 주었고
남몰래 밑둥치를 키워
네가 지독히 외로울 때
연인이 되어 주기도 했다

어느 날, 새벽을 틈타
흔적도 없이 사라졌을 때
나는 며칠을 허방을 딛듯 허둥대었고
그도 묵묵히 아픔을 삭이고 있는 듯했다

사랑은 이내 같은 것
뜨겁게 달구어 놓은 아스팔트 위로
한 차례 소나기 지나자
잠시 피어오르는 연기와도 같은

한때는 아늑한 보금자리였을
너 떠난 빈자리
잡풀 무성하게 자라고
그는 아직도 너의 안부가 궁금한지
제 멍든 가슴
퍼런 땡감을 자꾸만 떨어뜨리고 있다

7월 단상

큰비가 온다는 걸
먼저 알고
풀잎 뒤 납작 엎드린
잠자리 같은 슬픔

말려도
마르지 않고
고여만 가는
포도알 같은 그리움

빛바랜 추억 같은
물 빠진 흔적 같은
그 후줄근한 풀섶

입천장에 척 달라붙어
한사코 떨어지지 않는
낙지 발 같은 기억

그러나
아직 끝나지 않은

오후 4시의 상념

아침이면
어김없이 배달되어
아무렇게나 던져진 조간신문 같은
남은 생이 막막하고
남루하게 느껴지기도 하는

비 오는 날
포장되지 않은 질척한 길을 가듯
발밑에 달라붙어
한사코 떨어지지 않는 일상은
나를 놓아주지 않는다

밀려오는
주체할 수 없는 그리움
속절없이
오지도 않을 그대 기다리는
잎 진 상사화 흔적 가뭇없다

떠나온 길도
떠나야 할 길도
아득하기만 한데

바람길 따라

봄비 머물다 간 날
어디론가 달아나려는 마음
꾹꾹 눌러 앉히며 걷다
무심히 올려다본 고층 아파트 베란다
허공에 시선을 둔 채
담배 피우는 여자
문득, 그 여자의 마음이 가슴에 꽂히고
답답한 속내 담배 연기로 풀어놓는
아득한 그 여자 바라보다
시외버스 터미널로 향한다

스쳐 지나는 풍경
막막한 침묵으로
낯설게 다가오는 산
복숭아나무 곁
머뭇거리는 여린 햇살의 짝사랑

돌덩이를 매단 듯

버거운 삶이
아주 먼 곳으로
달아나는 것 같은
마음이 문문해지는
바람길에서

묵혀 둔 사랑

사람도 오래된 사람이 좋듯
아무리 다가가려 해도 다가갈 수 없는
아무리 말하려고 해도 말할 수 없는
묵혀 둔, 오래된 사랑은 향기로 머문다

울리지 않는 전화로
긴 통화를 하고서도
엘리베이터 문이 닫히는
단 몇 초도 기다리지 못하고
이내 돌아서 가버리는
낯선 사람 같다가도

햇살 밝은 날
먼 길 달려와
허공에 눈길 엉킨 채
묵연히 서로를 바라보는

내 의식의 뒷방
비밀스런 방 하나 차지하고
나와 딴살림 차린
묵혀 둔 사랑

봄날 1

풍경 울리는 찻집
산 그림자 마주 안은
호수를 내려다본다

목련은 봄바람에 눈물 떨구고
창가 드리운 햇살
먼 산 진달래
저 혼자 깊어 가는

이 환장하게 아름다운 봄날
삶의 한 귀퉁이를 돌다
막다른 골목과 마주칠 때
허물없이 서로의 속내를 털어놓고픈

햇빛 내려앉아
잔잔한 물결 위로
수만 마리 새떼
날아오른다

봄날 2

좁쌀 서너 말은 털 것 같은
산수유꽃 만발한 봄날이다

옆집에서 이제 막 어미젖 떼었을
강아지 한 마리를 키우고부터
가뜩이나 꽃잎 벙그는 소리에
잠 못 드는 봄밤이
며칠째 애절하게 울어대니
봄 물살 출렁이듯
마음속까지 흔들어 놓는다

우리 집 푸름이는
두 주인을 섬기지 않는 진돗개의 습성인지
아무리 살갑게 다가가도
도통 마음 주지 않는 게 서운했을까?
어느 날은
담 너머로 옆집을 기웃거리던 남편이
우리 푸름이는 쌍꺼풀도 없는데

옆집 강아지는 쌍꺼풀도 있고 참한데
너무 짖는 게 흠이란다

남편의 말을 듣고 있자니
양귀비 같은 아내보다
곰보라도 옆집 여자가
더 곱게 보인다는 말이 생각나

옆집 강아지가 그리 예뻐 보인다면?

불현듯 봄꽃 터지듯
부르르 떨리는 봄날이다

하루치의 상념

안개에 휩싸여 그 끝을 알 수 없는
흐릿한 풍경 같은 사랑으로 다가와선

차 한 잔의 여유로움을 즐기다
커피 향에 묻어나는 익숙한 냄새에
잠시 기억의 문으로 들어앉는다

혼자 먹는 점심
물에 말아 풋고추 하나 베어 물다가
매운 슬픔 왈칵 쏟아 놓을 때

펄펄 끓어오르는 태양을
먹구름 몰려와 기죽이는가 싶더니
한 차례 소나기 쏟아 붓고 떠난 뒤
먼 산 능선 위로
미처 비로 내리지 못한 구름들이
엉거주춤 걸려 있다

눈만 뜨면 칭얼대는 아이처럼
잠시도 가만있지 못하는 파도를
넓은 바다의 품이 달래주듯
누군가의 마음 한 자락이 사무치게 그리운 날
매미는 악을 쓰듯 나무를 놓아주지 않는다

아직은 우리들 몸에서 장미꽃 잎 짓이긴 듯한
붉디붉은 즙액들이 흘러내리는데

눈만 뜨면 마주해야 하는
힘든 일상에서 벗어나고 싶어
빨리 할머니가 되고 싶다는 친구의 절규가
가슴에 와 박힌다

밤이면 남몰래 꽃 피우고 스러지는
달맞이꽃의 생애가 하룻밤이라면
나의 하루는 달맞이꽃의 한 생애

오늘은 내가 달맞이꽃으로 지고 있다

가을 해후

가을 속으로
안개 길 따라 달렸다

아직은 여름인 나무
가을바람 한 줄기
머물다 떠난 자리마다
제 모습 찾아 꿈꾸듯 서 있다

황홀한 침묵
완전히 버림으로
얻을 수 있는 삶의 수레바퀴

나를 멀리 떠나
나를 바라볼 때
알 수 있는 또 다른 나

그저
멀리서 눈길만 주고받은 것뿐인데

네 눈길 머문 곳
새벽안개 되어 나를 가두고

꿈결 같은
너와의 해후 있기도 전
시나브로 걷히는 안개

내 안에 일렁이는
한 움큼의 햇살

향기 길

꽃이 보내는 주파수 따라
벌은 꽃을 찾아 길을 나선다는데
인간이 던지는 추파로 인해
꽃이, 혼신의 힘으로 보내는 향기 길을
모두 지워 버린다

올봄에도 천지간
꽃잔치 난리가 나겠지만
꽃맞이 나서다 꽃멀미가 나겠지만
꽃이 만든 향기로운 길
그 희미해져 가는 주파수를 찾아
벌은 또 얼마나 헤맬지

너에게로 향하는
내 그리움의 주파수는
지금, 어디를 헤매고 있는가

감

세상을 한 바퀴 돈다 해도
너에게로 가는 길
찾을 수 없어

간절한 기다림
떫은 상처
불꽃 되어 터져 버리는

사다리 잡아주며 바라본
하늘 길 따라
팽팽한 외줄 하나
텅 빈 하늘을 가로지르고

터질 듯한 그리움
몇 조각 파편으로
적막을 던져
내 안에 징검다리를 놓는다

고추 이야기

매주 만나 문학수업 하는 회원들과
마음의 허기는 시로 채우고
때마침 복날이라 삼계탕 집을 찾았다
오늘 대화의 주재료는
접시 가득 담겨진 고추이다
두 접시를 비우고도
큰 소리로 여기 고추 더 달라는 회원을 보고
고추를 무척 좋아하나 봐요
예, 너무 좋아해요
그것도 크고 통통하게 살이 오른 오이고추가 더 좋고요
난 애기 고추가 좋던데
붉은 고추도 맵고 달아서 맛이 괜찮아요
다 늙은 고추가 뭐가 맛있다고
뭐니 뭐니 해도 싱싱한 풋고추가 제일이지

너나없이 고추를 화제로 삼다가
모처럼 수업에 참석한 연세 지긋한 남자 회원과

선생님 뵙기가 민망했을까
붉은 고추를 늙은 고추로 표현한 회원이
무슨 영문인지 금세 말을 바꾼다
늙은 고추도 맵고 달고 요모조모 쓸모가 많긴 하지

뽀얀 국물 속 수중발레 중인 닭의 속살 언뜻언뜻 보이고
뚝배기 가득 환한 웃음소리
식을 줄 모르고 달아오른다

3

달을 놓치다

달을 놓치다

달이 품은 무늬가 양수 속
웅크린 태아의 모습을 닮았다

언제였던가
달을 품은 적 있다

아직도 몸속에
선연히 남은 흔적
분명 내 것이었던 기억
이리도 생생한데
내 것 아닌 애물

허방 같은 소유 속
늪 속을 헤매는 집착
내 안에 스멀거리는
버리지 못한 욕심

화상 입어 부푼 물집은

터뜨려야 새살 돋듯

달 속에 품었던
내 안에 기대치를 이젠
내어 놓아야겠다

어머니의 강

세월의 뒤안길을
에둘러 흐르는
어머니의 강엔
언제나 물안개가
고운 띠를 두르고
흐르고 있었지요

어머니의 강 위로
세상으로 향하는 다리 놓여
감당 못할 삶의 불덩이 안고
그 뜨거움 어쩌지 못해 헤맬 때
어머닌 망설임 없이
품어 주셨지요

때론, 삶의 목표를 잃어버려
생의 한 길목 위에
우두커니 서 있거나
한 자리만을 맴돌고 있을 때

시간은 머리 위로
자꾸만 흘러내려
어둠에 갇혀버린 외로운 섬처럼
홀로 떠 있을 때에도
어머닌 강이 되어
나를 감싸며 흐르고 있었지요

오늘도 어머니는
습자지 덮어놓은 듯한
살얼음 낀 강물 아래로
꿈처럼 흐르고 있겠지요

어머니

그날은, 오늘처럼 가랑비가 내렸었지
철모르는 자식들 세상모르고 자고 있고
하늘조차도 침묵하는 시간
아버진 이승과의 마지막 사투를 벌이고 계셨으리라
마지막을 모르실 리 없는 어머니
먼 길 떠나시는 아버지 홀로 지켜드리며
울음소리조차도 안으로 삼키시고
아버지 몸 말끔히 씻겨 드리고서야 자식들 깨우셨다
그만 일어나라, 아버지 가셨다
아버지 흐트러진 모습
자식들에게 보이고 싶지 않아
어머니 가슴에 심어진
아름드리 고목이 뿌리째 뽑혀나간 자리
그 황망함을 혼자서 어찌 감당하셨을까?
그제야 아버지 앞에 모여 앉은 자식들
흐느끼며 아버지 얼굴에 볼을 비빈다
나는, 온기라곤 남아 있지 않은
마른 낙엽 같은 아버지 손

힘주어 잡으면 바스라질 것 같아
살며시 내 손 위에 얹어 놓으며
태어나 처음이자 가장 슬픈 이별을 견뎌내야만 했던 가을 초입
아버지 한 세상 건너가시는 낯선 길
가랑비 함께 동행하시고
그제야 어머니 울음소리 새벽 적막을 깨우셨다

허수아비

아비는 늘 혼자였다
타인의 삶 속에
자신의 하늘을 잃어버린 채 살아가는 하루하루
아무도 다가설 수 없도록
마음 문 굳게 잠그고
혼자 잘도 버티어 내는 듯했다
그도 그럴 수밖에 없는 것이
조금만 약한 모습 보여도
어김없이 쪼아대는 세상인심을
혼자만의 세계에 가둬두고
간신히 버티고 있는 것일 게다
아비의 희생적인 삶을 통해
세상에 값진 향기를 전할 수 있었다고 생각했을 때
누구도 아비에게는 관심조차 없었다
이제 아비는
텅 빈 들판을 혼자서 지키는 것이 두려운 게 아니라
아무것도 줄 수 없다는 것에 눈물을 쏟는다
스스로를 놓아 버리고도
눈을 감지 못한다

에움길

지독하게 맑은 봄날 오후
담벼락의 경계조차 지워버린
담쟁이 그 푸른 물결 속으로 빨려 들어가는 듯했는데
물색 맞은 여자의 웃음마냥 요란한 전화벨 소리에 그만
끝없는 낭떠러지로 추락하고 맙니다
떠남이 이렇듯 평범한 일상 속에 일어날 수도 있다는 걸 몰랐습니다
사람이, 사람이 봄날 꽃잎 지듯 그렇게 떠날 수도 있다니요
준비되지 않은 이별이란
길을 가다 갑작스레 지독한 회오리바람에 휩싸여
두 눈에 모래가 가득 고여 눈물도 흐르지 못한 채
아뜩하기만 합니다
이별의 짧은 인사말도 없이 영산홍 붉게 타오르는 언덕길을 지나
남은 자와 떠나는 임의 마지막 경계선
레일을 타고 예약된 아궁이 앞으로 미끄러져 가면

불과 10미터도 안 될 것 같은 그 거리가
명왕성보다 더 먼 사연이 될 수 있다는 걸 몰랐습니다
너무나 아득해서, 잠시 피어오르다 사라지고 마는
사막의 신기루와 같은 시간이라고 간절히 믿고 싶었습니다
철문이 열리고 한 치의 머뭇거림도 없이
예약된 두 시간 속으로 당신은 걸어가십니다
세상에 태어나 78년의 삶을
단 두 시간 만에 다 소멸시킬 수 있음을 멍하니 바라보다
이제는 눈길조차 외면 당한
공중전화 부스 같은 막막한 시간을 견디며
닫힌 문 안에서 타오르고 있을 당신과 함께
지금까지 살아온 제 맘속 세속의 모든 것들이 불길에 다 타버리는 것 같았습니다
전광판에 불이 들어오고 세상에서의 마지막 이름이 불려집니다

철판 위에 남은 잔해를 회색빛 옷을 입은 무표정한 사람들이

아무렇게나 만든 쓰레받기와 닳아빠진 몽당 빗자루로 쓸어 담습니다

살아온 삶이 고추보다 더 맵기라도 하셨던가요?

세상에 단 한 장밖에 없는 보물지도를 품은 듯

처음보다 턱없이 작은 모습으로

또다시 레일을 타고 그 먼 길을 돌아서 나오십니다

이 소중한 별들을 어디에 뿌려야 할는지요?

가슴에 남긴 이 한은 또 어디에 묻어야 할는지요?

어머니의 방

세월의 파문을 열고 들어가면
거기, 누에가 빠져나간
고치 속 같은
텅 빈 어머니의 방이 있다

40여 년 가두어 둔
깊이를 알 수 없는
연못 담은 빈방에
돌멩이 하나 툭 던져 본다

생애 최초의 빗방울인 듯
첫 아이를 잉태하자
금실 은실로 꾸며놓아
환했을 어머니의 방

오남매 따뜻이 품었던 기억
고스란히 간직한 채
깊은 산중

깊디깊은 동굴로만
잊혀져 가는

두고 온 고향
60년 세월
켜켜이 안고 있을
텅 빈 집

시커멓게 그을린
입 큰 아궁이같이
멀고도
아늑한
내 어머니의 방

추억

나 떠나온 고향은
아버지 품속 같은
살구꽃보다 순한 사람들이 살던 곳

낙동강엔 나룻배가 어이어
뜻 모를 노래 부르며 오가고
들국화 흐드러지게 핀 강둑에 앉아
햇살에 반짝이는 강물을
하염없이 바라보곤 했었지

마을을 감싸 안은
산딸기 빨갛게 익어가던 뒷산
도토리 껍질 주워 모아
소꿉놀이 하며 놀던
키 큰 상수리나무는
지금도 날 기억하고 있을까

빈자리

어머니 가슴에
된서리 내리던 날
다섯 남매 올망졸망

싸늘한 현기증
지독한 그리움
아낌없이 받으며
어머니 고단한 삶
채워주던 자식들
어느새
훌쩍 커버려
제 둥지 찾아 모두 떠나고

텅 빈 집

그리움은
노을을 울컥울컥 토해내고
그 간절함으로
뒤뜰의 감
저 혼자 익어간다

고사목

지리산 제석봉엔
살아 천 년
죽어 천 년을 지킨다는
고사목 수백 그루

인간의 욕심이
이천고지를 불살라
죽어서도 썩지 못하고
선 채 하얀 뼈만으로
천 년의 한을 품고

그 울울창창하던 숲이
이젠 기억으로만 남아 있는 산이나
눈에 넣어도 아프지 않을 자식들
다 떠나보내고
하루를 천년같이
하늘바라기 하시는
우리 어머니 같은 나무

망초꽃 1

마음자리 어디에
이렇듯 많은 꽃 품을 수 있었나요

눈길 닿는 곳마다
지천으로 피어 있어도
먼 길 돌아
가슴으로 느끼기 전에는
소중한 줄을 몰랐습니다

세상 험한 곳 가리지 않고
어디든 달려가
무더기로 피어나지만
티내는 일 없이
언제나 있는 듯 없는 듯
묵정밭 같은 내 마음에
망초꽃 풍경으로 남아
눈물안개로 스며듭니다

망초꽃 2

그대 향한
돌아설 수 없는 마음
죄의 제단을 쌓아
끝내는
하늘이 내리는
불덩이로 인해
다 타버린다 해도

주체할 수 없는
뿌리 깊은 그리움
이 땅 어딘들 가리지 않고
열꽃 피듯 돋아나

그대 향한 마음
고스란히 간직한 채
꽃 핀 채로 말라버리는

망부석 닮은

질긴 사랑

능소화

풋물 들 것 같은
갈맷빛 유월엔
한 뼘 땅도 이 세상 허물이 되신다며
한 줌 재로 하늘 길 열고 떠난
당신의 향기가
노을빛으로 번져옵니다

살아생전 드러내 놓고 줄 수 없었던
질긴 사랑 있어
한여름 뙤약볕도 녹이지 못하는
거센 폭풍우 속에서도 피어나는
능소화
붉게 붉게 타오릅니다

감꽃

바람 한 점
귓가에 스치지 않는
적막한 날
마당엔 감꽃 떨어지는 소리
내 유년의 향기 불러온다

새벽이슬 맞아 더 고운 감꽃
무명실에 꿰어 걸어주며
번쩍 안아 무동 태워 주던
아버지 얼굴
낮달만큼이나 희미한데

마당 가득
달빛 담은
그날의 애틋함이
그리움 안고
시나브로 지고 있다

겨우살이

세상의 어떤 인연이
이보다 더 애절할 수 있을까
피와 살을 받아 뼈를 깎는 아픔을 주는
당신의 마음 밭에 뿌리 내렸습니다

겨울이 와도
겨우살이는 겨울을 모릅니다
혼신의 힘을 다하여 지켜주는
참나무의 체온으로 인해
푸른빛을 온전히 간직하고 있기 때문입니다

끝없이 퍼주고도
언제나 죄인이신 어머니
참나무 가지에 뿌리내린
겨우살이를 보며 나를 발견합니다
뼛속 깊이 상처로 얼룩진
어머니를 생각합니다

* 겨우살이는 참나무, 팽나무 등 다른 나뭇가지에 뿌리를 내리고 기생하는 기생목이다.

삼월에

아이들 다 떠나보낸
3월 초입
허한 마음에
눈비가 내린다

일 년에 단 한 번의 만남을 허락받은
견우와 직녀
사랑의 몸짓
그 뜨거운 마음처럼
참 다정히도 섞이신다

두고 가고픈
마음이었을까
놓아 주지 못한
사랑이었을까

소담스러운 눈꽃은 피우지 못했지만
세상은 참
환해지겠구나

4

시린 풍경

시린 풍경

먼지 낀 거실 창
흐릿한 풍경에 갇혀버린 날
창틀에 매달려 묵언 중인
애꿎은 핑경을 슬쩍 건드려 본다
핑그렁, 화들짝 놀란 시린 소리 따라
순한 눈매의 암소 울음소리 들리고
옛집의 아버지
오랫동안 헛간에 처박아둔
녹슨 쟁기 소리 피어올라 어룽진다

아버진 사막을 갈고 계시는 걸까

어느 날
사막이 성큼 내게로 왔다
첫발 내딛는 순간부터
떠나온 길도
나아가는 길도
멀어지기는 마찬가지였다

바라보게는 하되
결코 다가오게는 하지 않는
막막한 거리

아침에 눈 뜨면
간밤 꿈들이
오래된 무성영화 돌아가듯
잡힐 듯 잡히지 않고
동백꽃 진 자리엔
풀지 못한 말의 잔해가
선혈이 낭자하게 뒹굴고 있었다

못물

복지관 화단의 분수
봄을 앓고 있는지
부글부글 끓어오르고

속내 감춘 매화나무
하르르 하르르
분분芬芬한 저 낙화

찌개 냄비를 올리고
잠시 창밖 풍경에 마음 빼앗긴 날
부르르 끓어올라
순간, 엉망으로 만들어 놓고
활활 타오르던 불꽃마저 꺼뜨리고 말았다

냄비 뚜껑 살짝 열어두는 눈치 없으면
넘쳐나는 거품 속
살아온 흔적이 보이고
되돌릴 수 없는 시간처럼

감당해야 할 뒷일은
고스란히 내 몫으로 남는다

너에게로 향하는 내 사랑도
내 안에 가두려고 했었구나!
숨 막혀 끓어오르게 했었구나!

된바람에도 거미집이
무너지지 않는 것은
바람이 지나는 자리
남겨 둠인 것을

청명

권숙월 시인은 벚꽃 핀 나무를
여자의 알몸으로 보았다
그렇다면, 벚나무들이 지금
훌러덩 옷을 벗어던진 걸까
비눗방울 부풀어 오르듯
벚꽃, 뭉글뭉글 피어나는
난감한 봄날이다

성마른 자들이 그렇듯
달려야 쓰러지지 않는 자전거처럼
사소함으로 시작된
꺼지지 않는 불씨
멈추지 않는 반란
밭이랑에 돋는 독초 같은
헛된 말들이 부풀어 떠돈다

쑥대밭 되어버린 마른땅
홧홧한 통증 느끼며

쟁기질 하는 청명한 봄날
곰삭아 터진 상처
갈아엎으면
첫 마음으로 돌아가
갯들이 펼쳐지려나

봄날

나무들
떨쳐 벗어버리고
와글와글
난리가 났다

벚꽃 흐드러지게 피어나고
황사까지 부풀어 오르고 있다

마치, 내기라도 하듯
자신을 드러내지 못해 안달이다

바람이 지난 자리
꽃잎의 그늘을 보듯
무연히 바라보다
허기지는 봄날

꽃물 들인 마음
보듬어 안고
나는 다시
시의 숲을 거닌다

늦가을

나무는
봄날의 아릿한
연둣빛 새순의 기억조차도
고스란히
내려놓고

뱀들도
고독을 견디려
그 서늘한 몸으로
서로를 감싸며
늦가을 밤을 맞는다

4월

나무가
옷 한 벌 걸치지 않고도
겨울을 이겨내고
이처럼 환한 꽃불
밝힐 수 있는 것은

뜨겁디뜨거운
뿌리 깊은 열정
남몰래
간직했기 때문이리라

4월엔
열꽃 핀 가로수 길 서성이는
열병 앓는 사람들
모두 나무가 되는
봄날 저녁

빗소리

호수에
흰색 건반
두드리는 소리
물고기
빠르게 뛰어올라
검은색 반음을 친다
물결 여울지고
나뭇잎을 스치는
스타카토
완벽한 자연의 화음
하나 되는
협주곡

늦가을 호수

좀처럼 속내 드러내지 않아
깊이조차 가늠할 수 없더니

가을병 앓는 나무들
열애에 빠져
속가슴 타는 불
어쩌지 못해
훌훌 옷 벗어 버리듯

품고만 있던
첫 마음
출렁이던 상처의 무늬
여린 가을 햇살에
속마음 털어 놓는다

그대 마음 깊은 곳
볼우물 패이듯
남겨진 발자국

눈물 가득 고여

미련 버리지 못해 서성이던
미꾸라지 한 마리
하늘 오를 꿈
애처롭다

사소한 것들

사소한 얘기는 하지 않기로 했다

김고 길 벚꽃이 난리가 났대
오늘은 이유도 없이 마음에 돌덩이를 매단 듯 자꾸만 가라앉네
3월도 막바지인데 강변에 철새가 아직도 떠나지 않고 있어
뭐해
음, 멍청히 창밖 풍경에 마음 빼앗겨 몇 시간째 커피만 마시고 있어
밥은 먹었어
아니, 지금 계란 삶고 있어
그럼 하나는 내 몫이다
삼계탕 먹으러 갈까
난 닭 삶는 냄새만 맡고도 쓰러졌잖아
어머, 부럽다 난 지금까지도 못 이룬 소원이 있다면
여러 사람들 보는 앞에서

태풍에 나무 넘어가듯
연약한 척 한번 쓰러져 보는 건데

하나같이 사소한 말인 것 같아
사소하지 않은 말을 찾으려 머리를 굴려본다

사소하지 않으려면
진지하고 무거운 말이어야 할 텐데

노란 민들레만 봐도 감탄하는 나는
사소한 것들이 빠져나간
내 삶이 너무 무거워
그만, 곳간 가득 쌓아둔
말의 자물쇠를 채우고 말았다

삶의 무늬

비가 올 듯
하늘빛만큼이나 우울한 날
무릎을 세우고 얼굴을 묻는다
동그랗게 말린 등허리로
이제껏 경험하지 못한
사막의 풍경이 얹혀져 온다

거실 창만 열면 한눈에 들어오는 숲
탁자 위엔 즐겨 보는 시집이 있고
난로는 파란 불꽃을 피운다
오디오에선 피아노 선율이
잔잔히 때론 격정 있게 흐른다

이렇듯 늘 고요한 그림이리라 믿었다

생각 없이 던진 가시 돋친 한마디
무심결에 덧칠한 풍경까지도
언제까지 그 자리에서

지켜보아 주리라 믿었다

불행은 행복의 한복판에 씨를 뿌린다고 했던가

바람이 인다
땅거미 숨죽여 스며들고
이름 모를 산새 한 쌍
둥지 찾아 숲으로 날아든다
이 심연을 어둠으로 덮어 두고
불행의 씨앗들을 모두 삼켜 버린다

나 그대 곁에

나 그대 곁에 머무는
한 줄기 바람이고 싶습니다

봄에는 작은 실바람 되어 꽃을 피워
그대 마음 곱게 물들이고

무더운 여름날
우물에서 갓 퍼 올린
달콤한 샘물에 빠져들어
그대 안에 숨 쉬고

가을엔 그대가 뿌려 놓은
곡식들을 영글게 하여
기대 마음 기쁘게 하고

눈 내리는 겨울엔
내 따스한 체온으로
그대 주위엔 온기만 돌게 하겠습니다

허나 이 모든 것
손톱달만큼도 생색내지 않고
말 없이 그대 곁에 머무는
한 줄기 바람이고 싶습니다

달빛

열사흘 달빛에 젖어
긴 밤을 꼬박 새울 듯한 밤
조각 난 마음에다
와인 한 잔을 마시면
번지듯 가슴 깊숙이 파고드는 야릇한 기운에
좀처럼 맑아질 것 같지 않던 마음
발밑에 감겨오는 현실
무시로 찾아드는 슬픔쯤이야
달빛에 취한 듯 맑게 흐르는데
어스름 달빛이 스며드는 창가에서
그대 다정한 목소리 듣고 싶은 밤
아까운 달빛만 저 혼자 지고 있다

늦가을 서정

누군가
창밖을 서성이는 소리에
깊은 잠 이루지 못하고 뒤척이다
마당으로 나서면

고향집 언덕을 지나쳐 왔을 달빛
마당 가득 비치고
이별의 서러운 눈물인 듯
늦가을 찬바람 잎비 떨구고 길 떠난다

그래
찬바람 불어도
마음 깊은 곳에
꽃씨가 뿌려져 있는 것을

5

저물녘, 다섯 시와 여섯 시 사이

저물녘, 다섯 시와 여섯 시 사이

익숙해져 있는
모든 것들이
차츰 낯설어지는
고단한 삶의 흔적 같은
어둠이 기척 없이 찾아든다
언제부터인가
습관 되어 버린
오롯한 나만의 시간
창가를 찾는다
산그림자 서둘러 마을을 떠나고
멀리 보이는 숲은
조금 앞서 어둠을 맞이하고 있다
이별이다
그렇게 넌
내일 또 올 것처럼 내 곁을 떠나
지금껏 소식 한 자 없지만
어둠을 뚫고 소리 없이 아침이 오듯
명멸하는 별처럼 널 기다린다
저물녘 다섯 시와 여섯 시 사이

찔레꽃

다가갈 수 없음을
서러워 말아라
누구나
뿌리 깊은
슬픔 하나쯤
지병처럼 안고 사는 법

햇빛에 바래어
쉬이 잊혀지기보다
달빛에 물들어
네 생을 두고
품을 수 있는
전설로 남을 수 있게

투신投身

— 詩에게

낮 동안 품고 있던 적막을
얼레를 풀 듯 숲이 이내를 풀어놓으면
떠도는 마음 추슬러 강변으로 향한다

저물녘, 강물도 겹겹이 접은 상처 주름
바람 앞에 파르르 펼쳐 보이고
물고기도 마음에 지진이 인 듯
물 밖으로 넘나들며 속울음 토해 놓으면
그 파닥거림의 파문 위로
새들은, 끝내 버리지 못한 미련 놓아 버리듯
허공을 떠돌던 마음 가라앉히려
강물과 맞닿을 듯 속삭이며 맴돈다

나는 더 낮게 그대를 부른다

여름날, 뜨거운 햇살 사이로 순식간에 비집고 들어와
한 차례 뿌리고 간 소낙비로 인해
바싹 마른 옷가지들이 속절없이 젖고 말듯

어느 날, 내 생의 틈 사이로 스며든 그대를
언제까지나 강물을 사이에 두고
허구한 날 서로를 바라만 봐야 하는지

끝내 멈출 수 없다면
그대를 향한 내 언어의 끝은 언제쯤
저 강물의 뒤척임 따라
바다에 가 닿아 내가 너이고 네가 나 되는
아무런 갈등 없이 우리가 한 몸 되어
바다로 흘러들 수 있을지

강물은 무심히도 흐르고
그대는 선뜻 내게 손 내밀지 않는다

오늘도 나는 강둑으로 나가
강바닥에 납작 엎드려 때를 기다리는
내 언어의 잠룡을 그저 물끄러미 바라보지만
그대를 향한 내 열망은 멈출 수가 없다

겨울 사랑

그냥
그 마음이 좋았습니다

좋아한다 해도
다가갈 수 없지만
그저, 멀리서 느낄 수 있는 것만으로
그만이라 생각했습니다

보고 싶어도
아무 때나 달려갈 수 없는
거리를 느끼지만

첫눈이라도 내려줄 것만 같은 날이나
긴 밤 어둠을 헤치고 나온 햇살이
그네를 타듯
아름다운 곡선을 그리며
바람을 달래고 있는 날이면
하늘 길목만 바라봅니다

이제는 돌아설 수 없는
이 겨울의 한복판을 서성이며
어느새 그 따뜻한 눈빛에
묻혀 버린 나를 봅니다

짝사랑

망망한 바다
그곳에도 길은 있다
제 몸 하얗게 부수며
스스로 길이 되어 주는 바다

그대에게 향하는
내 마음엔 길이 없다
그리움 고스란히 간직한 채
외로이 떠 있는 섬처럼

석화

기품 넘치는 그의 자태에 반해 아무 조건도 달지 않고 그와의 동거가 시작되고부터 시집도 이런 시집살이가 없다 항상 집 안에 바람이 드나들게 해 주어야하고 속 깊은 사람이 풍기는 향기처럼 은은한 햇살만을 받아야 건강할 수 있다는 까다로운 그와의 동거는 성질 급한 그가 숨이라도 넘어갈까 반나절도 마음 편히 나다닐 수 없게 되었다

여러 날 비만 내려 걱정 같고 짜증 같은 내 투정에 나의 또 다른 동거인은 키우는 사람을 닮아 그리 예민하다며 한 마디 툭 던진다 아하, 그러고 보니 우린 같은 돌림자였구나 누구를 탓하랴 네가 나인 것을 스스로 감옥을 만들어 내 안에 또 다른 나를 가두고 만 것을

석화, 이름대로라면 돌에서 꽃 피워 올려 돌처럼 무던할 거라 생각해 덥석 안긴다면 나처럼 옴짝달싹 못하고 내 발등 내가 찍는 일 저지르고 만다

빨랫줄

백일홍 붉은 꽃잎이
불꽃 튀듯 터지는 긴 여름날
게으름을 피우다 저녁 빨래를 넌다
부지런한 여자들은 이미 하루치의 얼룩 빠져나간
보송보송 잘 마른 옷가지들을 걷거나
잘 개켜서 제 자리를 찾아갔을 것이다
막차라도 놓치지 않으려는 다급한 마음은
서쪽으로 기운 햇살이 불안하다
바지랑대 받쳐주지 않아도 팽팽한
텅 빈 외줄에 빨래를 널며
꽉 물고 놓아주지 않는 빨래집게 사랑
어머닌 늘 그러셨다
밤이슬 맞은 옷은 자식들 생에 마치 큰일이라도 일어나는 듯
여름에도 4시를 넘기지 않고 걷으셨다
뒤늦은 해방감에 춤추듯 바람에 날리는 빨래를 보며

내 손으로 어머니 옷을 한 번이라도 빨아본 적 있었던가

비 오면 오는 대로
바람 불면 부는 대로
물기 머금은 축 처진 모습으로 달려가도
언제나 싫은 내색 않고 받아주는
빈 하늘 지키는
어머니

노을

저녁 어스름이 내릴 때쯤
노을을 배웅하러 강변으로 나선다
꽃향기 실은 바람
은빛 강을 건너고
파르르 떨고 있는 물결 아래로
노을이 붉게 물들고 있었다

만나고 헤어지는 일이
그저 일상이 되어버린 우리들
도대체 어떤 만남이었기에
저렇듯 황홀한 이별을 준비할 수 있었을까
저렇듯 애절한 마음 남기는
슬프도록 아름다운 뒷모습일 수 있었을까

내 가슴에
또한
너의 가슴에
오래도록 아련한 그리움 남기고

노을을 배웅하듯
너를 보낼 수 있다면
추억만으로도
그 낯설고 아득한 어둠을
견뎌낼 수 있다면

개나리

겨우내
시멘트 담장 아래
있는 듯
없는 듯
마른 가슴 껴안고
서로의 온기 나누며 지내더니

지난밤
불쑥 찾아온
봄비 만나
샛노란 꽃망울
밝은 웃음소리 끊이지 않는다

나 또한
누군가와 해후하게 되면
저처럼 화사하게 피어날 수 있을까
죽더라도 사는 그 해후 같은

영산홍

겨울 내내
어둡고 응달진
보일러실 한 귀퉁이
물 한 번 준 적도
눈길 한 번 보낸 기억도 없는데
마른 가지 어디에
저렇듯 애끓는 마음 숨기고 있었을까

나의 무관심을 탓하지 않고
환한 미소 보내는
진홍빛 꽃망울
안쓰럽고 미안함에
마음이 아려온다

누구나
마음 깊이 묻어둔
불씨 하나 간직하고 있음을
나는 왜 잊었을까

7월 한때

저마다 詩를 향한 목마름으로
달아오른 마음 주체할 수 없어
잉걸불 타오르는 7월의 햇살 속으로 나섰다

코스모스도 계절을 잊은 듯
여름 한가운데에서도
가을이 무색하리만치 흐드러지게 피어 하늘거리고

바람 따라 풋풋한 향기 내뿜는 들판엔
잔물결 일 듯 살랑이는 벼 포기들
이별 같은 망초꽃 환하게 반긴다

백일홍 붉디붉은 꽃망울
불꽃 터지듯 피어나
아련한 기억 불러오고

하늘과 땅이 만난다는 산문 앞 해인농원
키 큰 장승 앞에서 이젠 두 번 다시

이별은 겪지 말자는 언약 마음에 새긴다

굽이굽이 흐르는 도랑물 따라
시퍼렇게 날선 갈대 잎 바라보며
마음 베이는 듯한 전율과
물빛 서늘한 들녘의 외로움에
詩의 언저리 서성이던 날

고추

햇살 좋은 가을날
잘 마른 고추를 다듬는다
이른 봄부터
그 긴 여름 뙤약볕에서도
고추를
고추이게 했던
생명의 탯줄인
꼬투리를 떼어 내다 보니
아무리 좋은 인연도
이별은 숙명처럼 다가오는구나
아득한 하늘엔
새하얀 비행운만
선명하게 남아 있고
건들바람 한 줄기
생채기 내고 지나간다

사람아
가슴에서 지워지지 않는
추억 하나
고추 꼬투리를 떼어내듯
지울 수만 있다면

고백

어느 날, 예고도 없이
정전되어 버린
어둑한 마음에
느꺼운 바람이 불고
가슴 깊이 가라앉은
시상을 뒤집어 놓는다

물 위를 닿을 듯 말 듯
아슬아슬하게 비행을 즐기는
물잠자리 같은
아슴아슴한 언어의 파편들을 건져 올려도
너에게선,
오랫동안 비워둔 방에서 느낄 수 있는
소원하고 낯선 냄새가 난다

달맞이꽃 함초롬히 피어나는 밤
초경을 앓던 아슴푸레한 기억을 더듬어
한껏 부풀어 송이째 몸을 던지는 능소화
그 꽃송이 같은 열정으로
뭉클뭉클 생리 혈 쏟아내듯
후련하게 풀어내고 싶다

겨울 끝에서

묻어 두었던
기억 지우려
숲으로 들어간다

겨울나무
그 깊은 곳에
새겨 놓았던
그리움의 무늬
꿈틀거리는 소리, 소리

오랜 침묵 속
산은
겨울을 힘겹게 벗어 놓고

봄은
또 그렇게
한바탕
열병으로 다가오고 있다

미새

가슴에
간절한 그리움
품은 채로 죽으면
미새가 되나 보다

그리운 이의 무덤가에
집을 짓고 사는 미새

무슨 사연이 저리도 깊은 걸까
살아생전 못다 한 사랑
끝없이 풀어 놓는다

호올 호로롯
호올 호로롯

새해 아침

삼백예순 새날을 선물 받는
새해 아침에는
온 세상 가득 흰 눈이 내렸으면 좋겠습니다.

산비탈 가난한 집 마당
잘 가꾸어진 정원에도
위태롭게 서 있는 겨울나무
제 것은 다 떨쳐버리고
따뜻이 품어주는 마당 없는 까치집에도
새하얀 눈꽃을 피워
온 세상 가득 사랑이 넘쳐나는
새날이고 싶습니다

한번 내린 눈은
다시는 온 길을 되돌아갈 수 없듯
떠나온 길은 거슬러 갈 수 없다는 것을
진실로 나누기엔
세상은 그리 복잡하지 않다는 것을
말씀을 전하듯
배꽃 같은 흰 눈이 소복소복 쌓이는
새날이고 싶습니다

□ 작품 해설

그리움의 근원을 찾아 떠난 순례자의 노래

이 승 하
시인 · 중앙대 교수

서정주의 시 가운데 「그리운 날」이 생각난다. “눈이 부시게 푸르른 날은 그리운 사람을 그리워하자”로 시작되는 시. 김수화 시인이 내는 첫 시집의 가장 근간이 되는 정조는 바로 그리움이다. 이 땅에서 시가가 고구려 제2대 유리왕이 쓴 「황조가」로부터 시작되었다고 할 때, 그 시의 바탕이 되는 정조가 바로 그리움이었다. 중국으로 돌아가 버린 아내 치희稚姬에 대한 그리움에 사로잡혀 “펄펄 나는 꾀꼬리는/ 암수 서로 정다운데/ 외로운 이 내 몸은/ 누구와 함께 돌아갈꼬[翩翩黃鳥 雌雄相依 念我之獨 誰其與歸]” 하면서 부른 노래가 「황조가」였다. 고조선 시대 백수광부의 처가 목놓아 부른 노래를 뱃사공 곽리자고가 듣고 와서 아내 여옥에게 불러주어 지금까지 한역가의 형태로 전해지고 있는 「공무도하가」 역시 뼈에 사무치는 그리움의 산물이 아니고 무엇인가. 시인에게 그리워할 대상이 없다면 시인의 가슴은 사막이요 마음은 암굴 속이다. 그런데 김수화 시인에게 그리움의 감정을 불러일으키는 것은 구체적인 대상이나 선명한 추억이 아니다. 자연이다. 살아 있는 동식물, 곤충과 새, 안개와 봄 햇빛……. (어머니와 詩라는 구체적인 대상이 있기도 한데, 이는 나중에 언급할 것이다.)

세상을 한 바퀴 돈다 해도
너에게로 가는 길
찾을 수 없어

간절한 기다림
떫은 상처
불꽃 되어 터져 버리는

사다리 잡아주며 바라본
하늘 길 따라
팽팽한 외줄 하나
텅 빈 하늘을 가로지르고

터질 듯한 그리움
몇 조각 파편으로
적막을 던져
내 안에 징검다리를 놓는다

—「감」 전문

주렁주렁 달려 있는 감이 그리움을 상징하지는 않는

다. 쨍한 하늘을 배경으로 한두 개 매달려 있는 감을 볼 때, 그 감은 "간절한 기다림"과 "터질 듯한 그리움"을 상징한다. 간절한 기다림은 "떫은 상처"가 되고, 결국에는 "불꽃 되어 터져 버리"고 만다. 감이야 그러할지라도 시인은 터질 듯한, 아니 터지고 만 그리움의 몇 조각 파편을 적막을 향해 던져 내 안에 징검다리를 놓는다. 기다리는 동안 쌓인 외로움을 그리움으로 승화시킬 줄 아는 지혜를 시인은 감나무한테서 배우는 것이다.

큰비가 온다는 걸
먼저 알고
풀잎 뒤 납작 엎드린
잠자리 같은 슬픔

말려도
마르지 않고
고여만 가는
포도알 같은 그리움

— 「7월 단상」 전반부

비 오는 날
포장되지 않은 질척한 길을 가듯
발밑에 달라붙어
한사코 떨어지지 않는 일상은
나를 놓아주지 않는다

밀려오는
주체할 수 없는 그리움

속절없이
오지도 않을 그대 기다리는
잎 진 상사화 흔적 가뭇없다

―「오후 4시의 상념」 제2, 3연

앞의 시에서 그리움은 포도알로 형상화되어 있고 뒤의 시에서 그리움은 잎 진 상사화로 구체화되어 있다. 그리움을 한자어로는 갈망, 소망, 희망 등으로 표기할 수 있지 않을까. 모두 '바랄 망'자가 들어가 있는데, 글자 그대로 바라는 바가 있을 때 그리움이 생겨나는 것이다. 하지만 김수화 시인의 경우 꼭 그렇지만은 않다. "꽃이 보내는 주파수 따라/ 벌은 꽃을 찾아 길을 나선다"고 했지만 "너에게로 향하는/ 내 그리움의 주파수는/ 지금, 어디를 헤매고 있는"(「향기 길」)지 시인도 알 수 없다고 한다. 대상이 있어서 그리워하는 것이 아니라 자연 만물이 그리움의 정서를 불러일으켜 시인은 오늘 또 펜을 꺼내드는 것이 아닐까. 시어로 '그리움'을 선택하지 않더라도 시인은 "4월엔/ 열꽃 핀 가로수 길 서성이는/ 열병 앓는 사람들"에 휩쓸려 나무가 되고(「4월」), "찬바람 불어도/ 마음 깊은 곳에/ 꽃씨가 뿌려져 있는 것을" 안다(「늦가을 서정」). 구체적으로 대상을 적시하지는 않았지만 그리움은 역시 사랑이나 연모와 비슷한 말이다. 시인은 때때로 상사화를 보며 마음을 끓이기도 한다.

처음으로 우리 손길 닿은 날
감나무는 달빛 닮은 꽃 피울 듯 말 듯
작은 입술을 앙다물었고
남 먼저 잎 피운 상사화
기다림에 지쳐 축 늘어진 잎은
끝부터 불붙기 시작했었지

—「흔적」 제2연

영원한 사랑이란 이 지상에 존재할 수 없다. 會者定離—때가 되면 헤어지는 것이 만고불변의 진리인 법. "꿈결 같은 시간은/ 너와 나 사이/ 마르지 않는 강물"로 흐르지만 "우리 떠나온 길처럼/ 상사화 사위어가고/ 감꽃 떨어진 자리마다/ 푸른 물결 넘실대는 한낮"에 화자는 "가슴에 화인으로 남은 흔적"을 확인한다.

잎 진 자리 꽃대 올라오고
멍자국 같은 푸른 감
발갛게 달아올라
가슴에 화인으로 남은 흔적

올해도 감꽃은 피어나고
나는 사운대는 바람으로
우리 만든 사잇길 서성거린다

—「흔적」 제5, 6연

우리가 만든 사잇길을 나만 홀로 서성거리게 되었으니, 이 또한 몸서리쳐지는 그리움의 흔적이 아니고 무엇인가. 상처는 흉터를 남기듯이, 사랑이란 것은 아픔의 흔적을 누군가의 영혼에 화인처럼 남긴다. 시인은 "사랑은 이내 같은 것", "뜨겁게 달구어 놓은 아스팔트 위로/ 한 차례 소나기 지나자/ 잠시 피어오르는 연기와도 같은"(「안부」) 것이라고도 하고, "오래된 사랑은 향기로 머문다"(「묵혀 둔 사랑」)라고도 한다. 활활 타오르는 현재진행형 사랑이 아니라 하염없이 그리워하는 '갈망의 사랑', '회상의 사랑'이다.

지난겨울 이름에 끌려
알뿌리 몇 알 얻어와 심은 자리
추위도 다 가기 전
잎 피워 올리더니
성급히 불붙은 사랑 빨리 식어버리듯
흔적도 없이 사라져
우리가 정말 사랑이란 것을 했을까
기억조차 희미해져 갈 즈음

— 「상사화」 제2연

시인이 꿈꾸는 사랑은 한 걸음 나아가 영혼의 사랑, 정신의 사랑이다. 한마디로 말해 '그리운 사람을 그리워하는 사랑'이지 농염한 남녀상열지사가 아니다. 시인이 아주 솔직히, "친구보다 조금 더 가까운/ 연인보다 조금 덜 가까운/ 그런 사람 있었으면 좋겠다" (「친구와 연인 사이」)고 말하기도 하고, "남편 복 많은/ 여자의 젖꼭지 마냥/ 탱글탱글한 봉오리"(「동백꽃 1」)라는 에로틱한 비유법을 쓰기도 한다. 하지만 열정적인 사랑을 '생각'만 할 뿐, 한 순간도 일탈을 시도하지는 않는다. 오늘도 내일도 (옛사랑을, 추억을, 자연 대상물을, 인간을, 문학을) 그리워하는 그 마음으로 오직 시를 쓸 뿐이다.

> 오랜 가뭄 속 늦은 봄비 내리는 날
> 상사화 닮은 전설적인 사랑 하나 품었다가
> 꽃 지듯, 하고많은 꽃 중에서도 벚꽃 지듯
> 그렇게 하르르 떠나는 사랑 꿈꾸었으면
> 불륜일까
>
> —「불륜을 꿈꾸다」 제2연

이 시에서 말하는 '불륜'을 액면 그대로 믿으면 안 된다. 시인은 "상사화 닮은 전설적인 사랑 하나 품었다가" 말았다가 할 뿐이고, "벚꽃 지듯/ 그렇게 하르르 떠나는 사랑 꿈꾸었으면" 하고 바랄 뿐이다. "목까지 차오르는 그리움/ 그 끝/ 길은 없고", "나무들의 은밀한 속삭임/ 그 은밀함으로/ 꽃들이 눈을 뜨는", "마음에/ 돌 던지는 소리 들리는/ 봄/ 밤"(「봄밤」)이다. 봄날 밤에 깨어 있는 시인은 자연의 일부로서, 자연과 혼연일체가 되는 합일의 순간을 이제나 저제나 갈망하고 있다.

이 시집에서는 어머니와 아버지에 대한 그리움도 진하게 묻어난다. 유년기에 대한 기억을 포함한 일련의 시편도 그리움의 산물이 아니랴. 시인의 아버지는 일찍 돌아가신 듯하다.

> 아비는 늘 혼자였다

타인의 삶 속에
자신의 하늘을 잃어버린 채 살아가는 하루하루
아무도 다가설 수 없도록
마음 문 굳게 잠그고
혼자 잘도 버티어내는 듯했다

—「허수아비」 앞 부분

늙은 아버지는 외롭다. 한평생 땅과 더불어 살아온 아버지가 땅을 일굴 기력을 잃었을 때, 그는 세계를 잃은 것이다. "누구도 아비에게는 관심조차 없었"고, "이제 아비는/ 텅 빈 들판을 혼자서 지키는 것이 두려운 게 아니라/ 아무것도 줄 수 없다는 것에 눈물을 쏟는다"고 했다. 아버지가 돌아가시는 날을 섬세하게 그린 아래의 시 제목은 묘하게도 '어머니'이다. 아버지는 돌아가심으로써 식솔과 세속에 대한 책임감에서 해방되었겠지만, 어머니는 이때부터 더한 고생의 길로 들어선 것일 터이니.

먼 길 떠나시는 아버지 홀로 지켜드리며
울음소리조차도 안으로 삼키시고
아버지 몸 말끔히 씻겨 드리고서야 자식들 깨우셨다
그만 일어나라, 아버지 가셨다
아버지 흐트러진 모습
자식들에게 보이고 싶지 않아
어머니 가슴에 심어진
아름드리 고목이 뿌리째 뽑혀나간 자리

—「어머니」 부분

"철모르는 자식들 세상모르고 자고 있"을 때 눈을 감은 아버지는 그렇다 치고, 어머니는 어린 다섯 남매를 데리고 모진 세파와 싸워나가야 한다. 바로 그 아픔을 노래한 시 「빈자리」에서도 '그리움'이라는 시어는 어김없이 나타난다.

어머니 가슴에
된서리 내리던 날
다섯 남매 올망졸망

싸늘한 현기증
지독한 그리움
아낌없이 받으며
어머니 고단한 삶
채워주던 자식들
어느새
훌쩍 커버려
제 둥지 찾아 모두 떠나고

텅 빈 집

그리움은
노을을 울컥울컥 토해내고
그 간절함으로
뒤뜰의 감

저 혼자 익어간다

—「빈자리」 전문

이 시에서 말하는 그리움은 그리 단순하지 않다. 자식의 어머니에 대한 그리움과 어머니의 자식에 대한 그리움, 텅 빈 집과 유년시절에 대한 자식들의 그리움, 지나가 버린 세월에 대한 어머니의 그리움 등 상당히 복합적인 것이다. 「에움길」은 어머니를 화장하는 날을 그린 시인 듯한데, 보통 감동적인 것이 아니다. 워낙 길어 몇 행만 인용한다.

세상에 태어나 78년의 삶을
단 두 시간 만에 다 소멸시킬 수 있음을 멍하니 바라보다
이제는 눈길조차 외면 당한
공중전화 부스 같은 막막한 시간을 견디며
닫힌 문 안에서 타오르고 있을 당신과 함께
지금까지 살아온 제 맘속 세속의 모든 것들이 불길에 다 타버리는 것 같았습니다

—「에움길」 부분

화장을 하고 남은 어머니의 몸, 즉 뼈는 가루가 되어 "아무렇게나 만든 쓰레받기와 닳아빠진 몽당 빗자루로 쓸어" 담긴다. 그 뼛가루는 고향의 강 혹은 자식의 마음의 강에 뿌려진다. 어머니 자신, 이제는 강이 되어 시인

을 감싸며 흐르게 된다. 어머니의 사후, 강은 상류에서 하류로 흘러가는 마을 앞 강이 아니다. 강이 어머니이고 어머니가 강이다.

때론, 삶의 목표를 잃어버려
생의 한 길목 위에
우두커니 서 있거나
한 자리만을 맴돌고 있을 때
시간은 내 머리 위로
자꾸만 흘러내려
어둠에 갇혀버린 외로운 섬처럼
홀로 떠 있을 때에도
어머닌 강이 되어
나를 감싸며 흐르고 있었지요

—「어머니의 강」 제3연

김수화 시인의 그리움의 근원에는 어머니가 자리하고 있었던 것이 아닐까. 그래서 "언제나 싫은 내색 않고 받아주는/ 빈 하늘 지키는/ 어머니"(「빨랫줄」)이고, "끝없이 퍼주고도/ 언제나 죄인이신 어머니"(「겨우살이」)이다. 돌아가신 어머니에 대한 그리움이 시를 쓰게 한 동인動因이 되기도 한 것이다. 마지막으로 감상해 볼 시는 부제가 '詩에게'이다.

어느 날, 내 생의 틈 사이로 스며든 그대를
언제까지나 강물을 사이에 두고

허구한 날 바라만 봐야 하는지

끝내 멈출 수 없다면
그대를 향한 내 언어의 끝은 언제쯤
저 강물의 뒤척임 따라
바다에 가 닿아 내가 너이고 네가 나 되는
아무런 갈등 없이 우리가 한 몸 되어
바다로 흘러들 수 있을지

—「투신投身」 제5, 6연

그렇구나, 시인의 그리움의 대상은 시이기도 하구나. 내가 시이고 시가 내가 되어 아무런 갈등 없이 한 몸 되어 바다로 흘러가기를 꿈꾸지만, "강물은 무심히도 흐르고/ 그대는 선뜻 내게 손 내밀지 않는다". 그러니 어찌 그리움을 품지 않을 수 있단 말인가. 시인은 오늘도 "내 언어의 잠룡을 그저 물끄러미 바라보지만/ 그대를 향한 내 열망을 멈출 수 없"어서 또다시 시를 쓰는 것이다. 시인의 그리움은 펜을 손에서 놓는 그날까지 계속되리라. 해설자가 할 수 있는 일은 흘러가는 강을 바라보듯이 시인의 그리움의 향방을 지켜보는 일일 뿐이다. 내 고향 김천을 지키면서 시를 써 온 김수화 시인의 첫 시집 발간을 진심으로 축하하며, 시세계가 도도히 흐르는 장강을 이루기를 바란다.